DIFFUSION

Pour tous les pays

Éditions Naaman, C.P. 697, Sherbrooke, Québec, Canada J1H 5K5.

Au Québec
Service aux librairies

Diffusion Liaisons Inc., 526, 4e Avenue, Verdun, Montréal H4G 2Y2.
Tél.: (514) 768-1050 et 766-3643.

Dépositaires

Caron Libraire, 251 est, rue Sainte-Catherine, Montréal H2X 1L5. Tél.:
(514) 845-5698.

Librairie Éditions Paulines, 250 nord, boul. St-François, Sherbrooke,
Québec J1E 2B9. Tél.: (819) 569-5535.

À L'Enseigne du Livre Inc., 274, rue Beaucage, Ville Vanier, Québec
G1M 1H5. Tél.: (418) 688-9125.

À Paris

Apostolat des Éditions, 48, rue du Four, 75006 Paris, France.
Tél.: 548 33 00.

CLUF, L'École, 11, rue de Sèvres, 75006 Paris, France. Tél.: 222 94 10.

À New York

The French & European Publications, Inc., **Librairie de France**, 610 Fifth
Avenue, Rockefeller Center Promenade, New York, N.Y. 10020, U.S.A.
Tél.: (212) 581-8810.

À Port-au-Prince

Librairie L'Action Sociale, B.P. 2471, 147, rue Roux, Port-au-Prince, Haïti.
Tél.: 2-3147.

À Yaoundé

Éditions CLE, B.P. 1501, Yaoundé, Cameroun. Tél.: 22 35 54.

CHAIR AUX ENCHÈRES

Collection "CRÉATION*"
dirigée par Antoine Naaman

PRODUCTION 1979

À PARAÎTRE

Octobre 1979

*Voir aux pages 101-102, les numéros 1-43.

Diane Bégin

CHAIR AUX ENCHÈRES

poésie

Éditions Naaman
C.P. 697
Sherbrooke, Québec, Canada
J1H 5K5

A Thierry et Marguerite
qui me permirent de lever l'ancre
des maux arrachés
lambeau par lambeau
au passé de mon corps
et d'ainsi parachever ma naissance
au fil rompu de l'écriture.

ISBN 2-89040-027-1

ENTRÉE

OU L'ORDRE LOGIQUE

Permets-moi, Diane, de lire dans ton délire les fantasmes qui sont sans doute les miens. Anonymement, pour mieux t'en retourner et t'en offrir l'éventuel mérite. Peut-être quelque lecteur au regard embué de raison prendra-t-il de la sorte, à parcourir mon texte, le temps d'exorbiter son œil aux dimensions de l'anse que tu habites et d'ouvrir les serrures auxquelles tes clefs, à longueur d'années, ont tenté de s'ajuster.

Conçue du désir des autres, pères et mères interminablement ancêtres, mise bas au rythme des spasmes angoissés d'un maternage soudain hostile, paternée par discours et conseils, ordre et convenance qui font du client le roi abusif, te voici enfin appropriant tes maux et les mots pour les dire, capable de reproduire en signes d'écriture les cris successifs que ces filiales aliénations ont élaborés en ton ventre perforé.

Hibernation est peut-être le poème central dans la mesure où il dit bien comment tu te vis au bord, ce bord qui sépare l'interminable hiver d'un printemps qui n'en finit pas de venir et qui ne vient d'ailleurs que comme feux follets d'un hiver mortifère. *Brouillards* crie cette faille glaciale dans laquelle se confondent le ventre stagnant de la mère, la tombe scellée du père et la douloureuse coupure d'un cordon ombilical qui te reliait au premier dans une dernière introjection et du fil téléphonique qui te nouait à la seconde dans un ultime inceste. De ces cris désespérés, on ne peut oublier ceux qui jaillissent de l'essoufflant *Chaos des premières heures* comme si ce ventre maternel et cette tombe paternelle étaient devenus sous le charme de ta culpabilisation, ton propre ventre qu'un hymen de marbre scellé du dedans empêchait de dégorger.

Heureuse impasse des maux quand elle burine tes mots. *Déraille filiale* chante effectivement cette apparente libération de l'hiver maudit dans des mots qui se voudraient printaniers et n'arrivent cependant pas à faire oublier leur odeur mortifère, comme *Rêves* qui ne cessent pas *de se fondre au creuset du désir*. L'avenir n'est jamais que le possible offert par le passé *(Futur antérieur)*, comme si ce passé était le singulier de tous les vocables présents et à venir, toujours en laisse à la chaîne des souvenirs. Ton espoir lui-même te fige au creux du passé, de n'avoir pu verser sur ce dernier pas plus que sur ta chair gisante aux enchères, cette *Larme* aussi coupante qu'*une schize*. Vois-tu comment après *Effigie* où s'accomplit un semblant de rupture, tes deux contes, *Sang-cibles* et *Coriaces*, te font dire des choses graves avec des mots si enfantins que la naïveté de ces derniers est encore une façon pour toi de ne pas tout à fait quitter ton hivernale origine et de capter encore l'attention du ventre et de la tombe qui t'ont enfantée. Passent alors, dans ce paysage presque printanier, des mâles... une fleur aux lèvres pour mieux représenter ton rêve. A fleur de peau, superficielle, violant de leur discours la coupure encore saignante. *Viol de l'anse* leur rabat le caquet et bien autre chose encore : on n'approchera de toi qu'en partageant le même corridor de la mort, la même autre face du miroir. Après les hommes, les mots et leur jeu facile et distrayant... Mais voilà *Sang-nom* qui chante vraiment ta libération : les hommes ne te prendront pas plus aux mots que ta lignée aux maux. Jamais plus tes mots ne se mettront au pluriel *(Singulier Pluriel)*, dussent-ils pour cela devenir le cortège funèbre qui conduit dans la marge quelques voyelles libres, capables d'embryonner tout un nouvel alphabet *(Lettre ouverte)*.

Surgit alors le frère, l'ami, le premier à avoir l'oreille assez sensible pour t'entendre et la chair assez meurtrie pour t'apprendre comment mûrissent les mûres... A son tour sous terre, comme ton père, comme les mots, comme l'origine, comme l'inceste, comme l'amour, quoi, pour guider tes gencives saignantes dans la conjugaison du langage : c'est *Longue distance*. Cette fois, en effet, la mort ne te prend plus au dépourvu : tu n'es plus surprise par elle, mais *Sur-Prise*, au-delà de sa prise, piégée bien sûr mais en même temps piège du piège. Il y a alors *Maison close du temps* qui constitue un extraordinaire et pourtant provisoire adieu à la mort qui te fonde *(Rupture)*, un goût soudain de la trahir en même temps que de la traduire.

Le printemps enfin là, dans la prairie aux bourgeons et au bord de l'anse aux vagues, sur-gît *Oeil de Faucon* : son regard de voyeur dont ta tendresse a fait tout un regard... rien qu'un regard... Perverse va !

Me permets-tu quand même, permets-tu au lecteur, de signer

Oeil de Faucon

POÈMES
OU L'ORDRE SOMATIQUE

Salut mes congénères,
je reviens de très loin.
Mon pays était d'hiver,
mon gîte d'égarement,
ma fenêtre de givre,
mon lit d'effondrement.

Chaos des premières heures

Le réel,
forêt presque vierge
à peine effleuré, si peu exploré,
se multiplie et se divise
sous la lame de mon regard.

Tout s'y pollénise
dans un temple à l'écart.
Les ombres lentement s'y promènent,
virevoltent parfois,
s'estompent souvent,
se marient comme on boit,
s'y prélassent,
s'étirent,
s'assoupissent,
s'y meurent
et s'y éveillent aux matins brumeux.

Parfois danse macabre
d'une femme marâtre.

Parfois euphorie
d'une femme qui jouit.

Parfois insomnie
d'une femme qui tremble et se nie.

Imperceptibles, ces mouvements
effleurent le ventre de la terre
comme caresses d'un enfant volubile
dont les doigts désespérément vivent le calvaire.
Sur son île, l'âme langoureuse
cherche en vain les eaux de sa patrie-mère.
Elle erre à travers bois
en compagnie de ses pères
et du bout des doigts
crépuscule la terre.
Son manteau couvre de nuit
l'inquiétude des enfants du soleil.
« Bonne nuit, les petits »,
dit-elle,
en étendant ses mamelles
d'un rouge lit vermeil.
De sa paupière s'échappe et coule
douce larme familière
qui se cristallise
sur le front de ses enfants
et berce d'une glaciale quiétude
leurs brûlantes inquiétudes.
D'aurore en aurore,
elle s'abreuve à son auréole d'or:
de ses rayons virulents, le soleil
la pénètre et la devient lentement.
Dans la fusion du plein-jour s'éteint
le rythme infernal et tragique du tambour.
Il bat de l'aile comme un vautour
qui s'éloigne d'un nid d'amour.

Les mains moites,
en proie à l'émoi,
la terre transpire
les abois de son cœur.

Pour bouches ouvertes
elle devient douce manne,
rassasie et sèvre.
De son ventre-taire,
nourrit et éveille;
l'enfant qui s'y terre
meurt et s'abreuve.
Elle le porte à son sein
et de la vie trace le dessein.
Alourdie par la profondeur de son lait,
la courbe de ses mamelles se prononce.
L'enfant s'est tu,
elle le tue,
le nourrit et le mange.
Assidu, il s'y rend, les mains blanches.
Douce paix,
il y boit.
Il s'y repaît,
elle le noie.
Aux parois de son flanc lubrique
elle le reçoit;
et sa bouche accueillante et machiavélique
en fait sa proie.
De baisers électriques en baisers symboliques,
ils se côtoient et s'y noient.

Ainsi la vie se perpétue
de ventre en bouche,
pétrie sous la morsure d'une dent,
fleurie tel un arbrisseau maudit.
De périr se doit aussi
comme le grand-père Adam
abreuvé aux mille accouchements
de la grand-mère d'Antan.
Éternels assouvissements

aux trois dents de lait
qui fébrilement,
comme derrière une haie,
traversent et percent le ventre de la terre.
Ainsi mâle ou femelle, enfant et mère
de leur doux calvaire,
peuplent la terre
et leurs blanches dents
deviennent buissons ardents.
Sous l'usure du temps,
labourées d'incisives,
leurs gencives céderont le pas vers l'Avent.
Dans un clair matin
la Noël de demain
dévoilera le temps
en mettant bas Ève et Adam.

*

Ceux-ci s'abattront sur la terre,
lieu du calvaire de leurs pères
et parmi les ruines
fleuriront comme roses et épines
au travers du temps, bras ouverts au vent.
Ils porteront au ventre plusieurs enfants
aux dents si blanches et si fortes
qui, seules, fermeront les portes.
Ils traverseront la mort,
collier au cou,
squelette de diamant au corps,
doux et brumeux rythme du pouls imperceptible
sur lequel dansent les racines des fleurs
et les flots miroitants des leurres.

Quelle que soit l'heure,
courent et virevoltent nos cœurs
parfois habillés de cette langueur
qui soulève les vivants-morts de leur stupeur.

Le credo de la vie
se récite et se crie
retenu par les doigts des vivants
comme poussière et pierres
dans le ventre de la terre.
Ses flancs squelettiques couvent
toute une vie encore épileptique
qui d'épisode en épisode,
tressaille du châtiment de l'exode.

*

C'est demain?
Déjà?

Le os s'entrechoquent,
se saluent et font connaissance,
les vivants-morts
bouchent les oreilles de leur chair
et paient ainsi très cher
le rejet de ce qui leur semble amer
et se nomme la mère.

Ils ne sont que poussière,
et apeurés des demains d'hier,
désespérément se frottent la vésicule biliaire.
Ils s'entêtent à ce que le jourd'hui
épouse éternellement leur front plein de suie.
Comme un linceul, obstinément ils s'acharnent
à tenir fermée la porte de leur cercueil.

Déjà ils sont en berne,
leur drapeau noir flotte comme un œil;
égaré dans les airs
ou enfoui sous la terre,
il se tourne lui-même, se déchire:
sperme perdu dans les profondeurs du délire.
Leur soif déambule de trottoir en trottoir,
trébuche dans le noir,
se cache dans des gouffres charnus,
s'exhibe dans des labyrinthes obscurs
où perdurent les cancers
alimentés de flancs rigides
et de squelettes frigides.

Les voiles de leurs tempes sont de corne,
endurcies par le trop fier midi
et prises au piège de l'orgueil qui les orne.
Prisonniers de ces noirs paradis,
les oiseaux de la nuit s'éveillent,
s'abattent et pourrissent dans ce jardin maudit.

C'est la mort de la mort,
nuit sans saison aucune,
ablation du corps,
absence des moissons nocturnes.

Trop fière de son printemps,
une graine
retient son haleine
pour défier le temps.
A en perdre le souffle,
elle devient contre-temps.
De son pollen,
elle tue le ferment
et sa peur dégénérée en haine

récolte le néant.
Le sang de ses mamelles,
épuisé de sommeil,
se nécrose dans une marche solennelle
faisant encore à sa façon
honneur à la vie qui la féconde.

*

La porte du tombeau éclata,
la vie en sortit victorieuse;
parmi le brouhaha,
s'envola une nymphe ténébreuse.
Sa longue traîne virevolta
couverte de pierres précieuses;
ses os entonnèrent un concert d'alléluias.
En bas grimaçaient des bouches dédaigneuses
qui n'avaient pas encore compris.
Leur chair était trop jeune et ferme
pour y laisser danser le mystère des anges noirs.
Encore trop petits, comme un spermatozoïde,
leur cervelle et leur cœur ne pouvaient rien y voir.
Ils se bouchèrent les yeux de leurs poings,
dessinèrent avec leur corps la position fœtale
et de leur naissance encore trop loin,
s'agrippèrent à leur néant ombilical.

*

Laissez-les naître
ces pauvres êtres.
De fenêtre en fenêtre,
ils espionnent leur être ombre.
Comme dans un monastère,
ils s'attendent.

De leur oreille austère,
commenceront-ils à s'entendre?
comme une oie blessée
qui prend son envol
vers une farandole
et qui craint la folie
parce qu'encore trop polie?
Mais la politesse
est petitesse
quand son vernis cache ses fesses
au lieu de les hisser comme bateau en détresse.
Elle fait ainsi tresse
avec son Altesse,
la déesse Éros,
sœur de la duchesse,
Madame de Thanatos.
Et toutes deux se font la noce,
impitoyablement,
sous le couvert d'un S.O.S.:
nuit chaotique et atroce
de l'accouchement précoce
d'enfants naissants
dans un avortement sanglant.
Ils se tiennent en rang,
prisonniers de leur noire cuisine
et miment d'avoir du bon sang;
dans les latrines,
tout les dément.
Le sang y pisse
et d'impuissance tapisse
toutes leurs coulisses
de bâtardes pistes,
comme meurtrière police
qui pointe du doigt
et fait la loi

à qui que ce soit,
en vertu de son droit.

Mais les capitaines de bateaux dorment,
c'est encore la veille!
Comme un vieil orme,
la vie se noie dans un océan vermeil.

Hé! Les petites vieilles!
Reconnaissez-moi, leur dit-elle.
Mais de leur paupière vin aigre
coule un sourire meurtri,
jaillit un sang flétri.
Gisant comme un fossile blanchi
aux parois d'un rocher envahi
dans une caverne noircie
d'absence de vie
et d'impuissance d'esprit.
Emprisonnées dans un squelette raidi
par les noirs courts-circuits
des nerfs de l'anarchie.
Électrocutées par un cœur trop petit
qui de gémir n'avait pas fini
et de fleurir n'avait pas joui.

*

Amis,
je vous ai donnés à moi;
de votre appétit,
nourrisez-moi.
Lubrifiez mes flancs
de votre œil larmoyant.
Le soleil
éblouira votre sang.

Il dévalera
de montagnes en vallées
courtisant la terre
de tous vos anniversaires
et pénétrant la vie
de vos jouissances assouvies.
Comme un arbre fleuri
dans le plein minuit,
par-delà les noirs paradis
que peuvent porter vos ventres flétris.

Affaiblie, assouvie,
je vous crie merci.
De mon rose nombril,
je fais jaillir eau-de-vie.
De mes mains,
j'onctionne votre bassin.
Vitrifié d'amour,
il transpercera les siècles
de millions de fleurettes
qui d'allégresse déchirent le temps
et de caresses, se fécondent d'enfants.

Comme ces cieux charmants
qui courtisent les vents
et se marient violemment
à tous les amants
que cette terre nourricière pollinise.
Volte-face
à toutes préfaces
et *volte-sperme*
aux semailles parcimonieuses.
La folie éclate
le rouge écarlate
de tous vos tabernacles.

L'harmonie colore
les parois nues de vos corridors.
Vos appétits assoiffés se repaissent
d'une faim non-rassasiée
S'apprivoisent nos corps étrangers.
Se nationalisent nos âmes effarouchées.

*

Suave et délectable boisson,
tu es la moisson
qui encombre et ensevelit les morts-nés
de mille frissons.
Ils se refusent à l'abandon,
le craignent comme prison
qui les rançonnerait
du bris de tous les ponts éphémères
et de la déchirure
des rêves chimériques
qui sous-alimentés perdurent
et cramoisissent les dites Amériques.

*

Allez petite, vas-y,
fonds la glace.
D'amnésie
reviens à la surface.
Par toutes les calomnies,
reprends ta place,
habite ton espace,
enchante tes lignes,
traverse la dangereuse passe,
deviens ta vigne.
De ton sang-vin arrose la terre

et de vie, électrocute l'atmosphère.
De ton âme, transperce les ères
et de velours, enveloppe la biosphère.

Tous tes enfants,
comme perles des champs,
danseront
aux abords de ton jupon.
Puis demain s'élanceront
par-delà les noirs horizons
comme fières panathénées
habillant le temps
de leurs quatre vents.

Vent du Nord,
vent du Sud,
comme frêle rosée,
y perle l'or;
embarrassée,
n'y sois pas trop prude.

Vent de l'Est,
vent de l'Ouest,
laisse, tire arabesque
devant les prouesses.
Elles sont petitesses
qui fleuriront d'allégresse
sous la caresse
de ton œil gentillesse.
Allez, traverse,
enjambe les fausses politesses,
déploie tes tresses
de leur tristesse.
Abreuve-toi, comme déesse,
à toutes les allégresses,
quoi qu'elles transgressent.

Puis demain,
appelle-moi au rendez-vous,
lieu de ta faim,
carrefour des âmes de voyous,
à cent lieues des froids vagins.
Comme bébé se naissant,
reconquiers la fierté de ton sang
explosé dans le temps.

Mais toi, l'ami,
tes dents harcelées de douleur
se recroquevillent sous le poids de froids courants
qui reculent l'heure
comme sang chaud errant,
tremblant encore de froides stupeurs!
Arrache l'ivraie, terre séchée avant l'heure
et que bouille sang froid,
réchauffé de toutes les noirceurs.
Quitte les toits éphémères
lorsque père-sonne l'heure.

De nocturnes spasmes de fièvre
brûlent ses lèvres.
Acceptant sa mort,
l'enfant ouvre bien grand les yeux
sur pays nonchalant
des buissons ardents
où brûle son corps
qu'il va traversant.
Comme bateau ivre, vers nouveau port,
y coule, s'y abandonnant.

L'ivresse transporte l'offrande
de son corps nu.
Comme bouquet d'abondance,

le parfait silence
l'éternité fiance.

*

Le sang coule sans se perdre.
La mort se couche assouvie
d'un allaitement *naissang*
au creux de la main-temps.
La terre,
de grossesse en grossesse,
le sein gonflé de vie,
vers naissance progresse
toutes ces morts qui sourient.
Elle lubrifie et nourrit
l'enfant naissant
à son ventre accroupi.

Sang de son sang,
en-deçà des noirs paradis
abandonné au cœur de la parousie,
apaisé de nocturnes assouvissements,
l'enfant sourit.

Sur-Prise

La pupille de mon œil se déchire
je ne vois plus rien.
Mon corps en délire
aux rebords d'une fenêtre se retient.

Mon ventre géométrise l'espace:
trapèzes, triangles et cercles
se dessinent à l'envers
de mes mains qui gercent.

Le vertige m'encercle
et je l'empoigne.

Lettre ouverte

Ouvrir la lettre
jusqu'au cœur des maux
puis saigner l'enfance
des vertiges illettrés.
Les voyelles sont mortes.
Le cortège funèbre des consonnes
descend l'allée de gauche
pour remonter-vrombir
dans les brancards de la droite.

Leur marche est ponctuée
de virgules voilées de noir.
Les points de suspension
prononcent des *De Profundis*
carboniques.
Et les parenthèses vibrent
d'émotions oxygénées
tandis que les guillemets discrets
consacrent la distance.

A la ligne,
s'écrient les mots bafoués
d'un paragraphe hargneux.
Et le tiret sonne
la raillerie du nombre.

En tenue d'apparat,
le point se juxtapose à lui-même
et photographie
la majuscule qui le suit.
Les minuscules dévalent les mots
en avalanches successives.
Et les accents affolés
retracent tant bien que mal
l'origine perdue.
Entre deux mots pompeux,
les traits d'union narquois
raccommodent le sens.
Mais le fil est rompu.

Les voyelles mises en terre,
les signes orthographiques
s'en retournèrent chez eux.
La distance était si longue
que certains signes
se fracassèrent le sens
dans la marge.
Entêtés, d'autres entrèrent chez eux,
blanchis de fatigue.

Mais la plupart logèrent,
en route,
à l'hôtel des rêves analphabètes.
Au repas,
les lettres E, T, et C
entamèrent la discussion.
Le vin coulait
dans la bouche éventrée des mots décousus.
Le souffle n'y était plus.
L'ivresse orpheline faisait la queue
à la porte des bordels légalisés

du discours officiel.
Au suivant! Au suivant!
Les marchands faisaient fortune;
ils échangeaient rêves et miroirs
contre la texture du standing.
Ils offraient aux plus riches
des voyelles synthétiques.

Outrancières, les voyelles enterrées
ont devant elles tout l'espace
pour reconstruire un autre alphabet.
Les signes de ponctuation ne sont plus les mêmes;
les mots n'ont plus de gaine.
Ils s'étirent en tous sens,
au gré de leur apesanteur.
Et le vide leur dessine
des ailes ouatées.

Effigie
(Ci-gît Dis-Anne)

La vie est un immense miroir dont la fin se fracasse, comme une naissance qui crève les eaux! Seconde coupure qui me rompt, me pétrit, m'initie aux secrets silencieux.

Je souris à l'écoute des mots et pleure par en-dedans! Quand je serai grande, pleurerai par en-dehors, déployée dans la voûte du temps, pulvérisée hors de l'éphémère doublure de mon corsage aux ourlets nocturnes.

Les siècles défilent à folle allure. Mes enfants sont déjà morts et ensemble nous orbitons dans l'espace outrancier de la démence nomade aux froissements d'oripeaux.

Toi l'autre, parfois mon compagnon de voyage, parfois mon mirage, parfois mon adversaire quand très fort tu luttes et me souris sournoisement, comme pour me comprendre. Tu revêts alors le visage de la mort, mais illusoire est la distance de ton œil à mon ventre gémissant sous le poids du temps. Cantonne-toi si cela te chante, si tu en as encore le choix! Moi, pas! Le temps comme un vautour me saute au visage et déchire mon sourire! Il fossilise des rides imperceptibles et implacables aux parois de mon cœur qui se ratatine. Je suis de moins en moins capable d'aimer, je n'en ai plus le temps ni la nécessaire naïveté. Je n'aurai jamais d'enfants, comme s'il était trop tard! J'habite le réel comme on traverse une maison hantée par des *inspirs* précipités et des *expirs* flâneurs. Comme les pleurs d'un enfant, en soubresaut. Le temps m'oppresse, il devient impératif; mon sujet ne compte plus, le temps se conjugue en moi par la faille de mon verbe. Pour survivre, je n'ai que l'issue du dé-lire; les balises de l'indicatif ne jalonnent plus mon parcours. Mon sujet sous-entendu dérive comme en miroir, inversant les lettres et là, dans cet espace in-versé, crie, pleure et jouit. Je ne suis plus une femme, ni rien; je suis la mort qui court derrière la mort, entraînée dans ses sillons illettrés qui déchirent la mer. Mon écriture, c'est le hiatus, le dénivellement, la poupe traîneuse de l'espace qui courtise le temps, coït interminablement inachevé.

Et la paix remonte à ma gorge, m'étrangle comme une marée nocturne. La vie devient une épave accueillie par les profondeurs aquatiques de ma nuit.

Un de ces jours, une marée de cendres m'entraînera dans son sein. M'y logerai sans même l'interdit de l'écriture, absorberai la distance, dirai l'anse, comme une dent nomade extirpée de sa gencive d'origine! Jouissance dans l'abandon, perte totale où je circulerai sans circuler, habiterai sans habiter, entendrai sans entendre. Mes sens voyageront seuls, en tous sens, dé-tachés les uns des autres, loin devant le joug effrangé de mon corps.

Nord, Sud, Est, Ouest, Contre Nord, Contre Sud, Contre Est, Contre Ouest... Le soleil levant, j'en serai un rayon; la marée montante, j'en serai l'écume; la marée descendante, j'en serai l'écueil; la lune, j'en serai la lueur; le vent, j'en serai le sifflement; la terre, j'en serai le silence lancinant, l'anse *sillante* à l'hymen déchiré par la mort.

Mon père sera loin devant; mes enfants, loin derrière, très loin! refoulés derrière l'ancre noire des mots, sang asphyxié sous la lettre des rêves, du temps où j'étais vivante! Figée, coagulée, je renaîtrai derrière les maux, ceux que je n'aurai pu écrire pour mieux les éclater de maturité. Je m'enfoncerai dans la béance de la nuit, descendrai au creux du silence à bord de la volupté de mes rêves, à la mémoire de ma mémoire. Ce sera la Noël des mots : la mort développera les présents exposés, gisants délaissés au pied de l'arbre en tenue de vert-glas.

L'enfant que je n'aurai pas eu, me regardera droit dans les yeux, cajolera ma chevelure vierge à l'hymen perforée, se réchauffera sous *l'expir* de mon souffle, se baignera dans les larmes secrètes et lubriques de mes cavernes qui lui raconteront les âges au rythme où il en tournera les pages.

L'inspiration sacrée précipite le devenir; vertigineuse, elle ouvre très grandes les portes derrière le passé; apeurante, elle tourne, tangeante et virevolte en tous sens, dedans, dehors, devant, derrière. L'inspiration est le non-lieu de la naissance; l'écriture, le cri de l'enfant succédant à *l'inspir* premier et déchirant où la raison ne peut plus lire qu'à l'envers. C'est l'alchimie de l'éruption, l'amnésie d'où s'écoule la lave purifiante.

La solitude, c'est la pureté! Ses yeux clairvoyants transmuent le temps, les âges et l'espace.

Distance! Dire l'anse!

Les racines ne sont que des attributs fossilifères, vivantes de s'inscrire, de se perdre, de s'éclater, de se déraciner! J'y poursuis mon chemin, retenue en gestation dans l'œil de l'homme qui me regarde. A la dérobée, il se cache dans les replis de ma mémoire lorsque j'écris, seul souvenir qui m'habite et masque mon lieu à la manière d'un présent qui me poursuit, me traque, me bat, me renverse, me déchire, m'arrête dans ma course folle, me gêne, m'intimide, me renvoie à moi-même, m'incite à me lire, à m'inscrire, à transsibérier le don irréfléchi. Son œil me recroqueville autour de moi-même et j'en fais le tour.

A tambour roulant y déambulent fièrement les fantômes de mes pères et mères auxquels j'ouvre fiévreusement la marche, comme un délire qui défile pompeusement dans les rues de ma tête, les avenues de mon ventre. Les chemins sans issues se perforent : y surgissent des acrobates d'argile et des polichinelles de granit au cristallin du temps, troubadour de l'espace. Les lumières rouges et impromptues clignent; viol féerique! Les magiciens aux trucs bien appris font la romance de l'émerveillement puéril pour les yeux à peine entr'ouverts. Les pantomines jouent l'ironie pour intellectuels sceptiques pendant que de subtiles dactylographes, habilement dissimulées, tirent les ficelles des pantins au rythme d'une chanson populaire. Derrière, la grosse mama aux seins énormes, proportionnés à la soif avide de ses voyeurs, vit son drame à coulisse : ses seins se dégonflent dans le salon d'essayage. Elle repart vidée de ce qu'elle a donné et déjà pleine de ce qu'elle n'a pu encore donner: cet enfant de demain qu'elle n'a pu faire naître sur cette scène trop étroite pour contenir son bassin engrossé des larmes secrètes et des spermes éteints de ses courtisans. A défaut de vivre leur singulière démence, ils l'embauchent; elle fait partie du monde du spectacle, la grosse mama.

Quand cet homme sera mort, je serai morte aussi. Mais où serai-je alors? Du fond des âges, la vie me sollicite : Dis-Anne, me dit-elle. Tu seras belle de porter sans agressivité, sans amertume, doucement et implacablement. Mes seins dégorgent de vie, mon ventre défroque! Apeurée, je chancelle, bercée par l'incroyable et chavire de l'autre côté du miroir.

Sang-cibles
(effigie, suite première)

Ma vie-seconde, c'est l'écriture,
>   TIC-TAC, TIC-TAC.

Elle chronomaître,
>   TIC-TAC, TIC-TAC.

Faut bien la scander la vie, si on veut la lire cette coupure au mouvement ininterrompu,
>   TIC-TAC, TIC-TAC.

L'agonie jamais terminée de l'horloge se cambre contre le temps et le scande en secondes,
>   TIC-TAC, TIC-TAC.

Je deviens et me meurs,
>   TIC-TAC, TIC-TAC.

Éternel recommencement,
>   TIC-TAC, TIC-TAC, disait la

volupté tragique des lames de sable, comme l'intérieur d'un palais où les crêtes secondent aux abîmes,
>   TIC-TAC, TIC-TAC.

Je me meurs dans la cohue du silence,
Je nais sous la turbulence des déserts froids et muets,
>   TIC-TAC, TIC-TAC.

Le temps s'écoule second, en secondes, derrière l'impérative éclosion du verbe qui se fait chair,
TIC-TAC, TIC-TAC.
L'écriture est un cri qui se dévoile et dilate le col de l'utérus, centimètre par centimètre,
TIC-TAC, TIC-TAC.
La naissance multidimensionnelle se poursuit, je suis en gestation dans l'utérus de la vie, jusqu'à ce qu'elle mette bas,
TIC-TAC, TIC-TAC, TIC-TAC, TIC-TAC.
Où suis-je, que suis-je devenue? Je ne me reconnais plus tant la distance est petite, foulée par l'érosion des sels marins! Comme pierre adoucie, à chair vive, battue par les vagues qui me fouettent et me déferlent!
TIC-TAC, TIC-TAC, me disent-elles à l'oreille!
Les pores de ma peau s'entr'ouvrent jusqu'à l'éclatement des surfaces, mon cœur bat dans la paume de ma main,
TIC-TAC, TIC-TAC.
Et je vacille dans la mer Noire de mes rêves, ondulée par le jour et la nuit qui inlassablement s'y succèdent,
TIC-TAC, TIC-TAC.
La peur me soulève comme un typhon nordique, girouette affolée par le divorce du nord géographique et du nord magnétique. Tais-toi, lui dit mon ventre, calme-toi, re-pose-toi dans les tranchées de mes flancs bipolaires,
TIC-TAC, TIC-TAC.
Et j'orbite sous la pulsion de mes naissances écrues. Chair et sang me pilotent comme capitaine à destination perdue,
TIC-TAC, TIC-TAC,
disent les voiles gonflées de l'étrange souffle d'outre-mer,
TIC-TAC, TIC-TAC.

Et je m'enfonce derrière les souvenirs, à la dérive, épave noyée par son devenir. Les rescapés se brandissent en drapeaux,

TIC-TAC, TIC-TAC.

Et ma vieillesse d'écume souriante, comme crinière marine, clapote à la surface des flots,

TIC-TAC, TIC-TAC, dit-

elle, pacifiée de n'être plus que ballotée, sans se défendre, TIC-TAC, TIC-TAC, entend-elle comme l'écho lointain dans l'oreille sourde qui la transporte d'hier à demain, de demain à toujours,

TIC-TAC, TIC-TAC,
TIC-TAC, TIC-TAC, TIC-TAC,
TIC-TAC, TIC-TAC,

roulaient les

voies marines dans l'unisson spiralé du cercle déchiré par la tangente répétitive des TIC-TAC toujours de plus en plus seuls et habités d'eux-mêmes,

TIC-TAC,
   TIC-TAC,
      TIC-TAC,
         TIC-TAC,
            TIC-TAC,
               TIQUE-TA-QUE,
                  TIQUE-TA-QUE,
                     TIC-TAC,
                       TIQUE-TA-QUE,
c'est l'heure!

Mettez-vous à table, chers convives! Tous, sans exception! Festoyons l'univers, tous ensemble!

Toi, tu feras les étoiles,
toi, la mer,
toi, les rochers,
toi, l'amibe,
toi, le crocodile,

toi, le gouffre,
toi, l'herbe verte,
toi, la nuit,
toi, le silence,
toi, la forêt,
toi, toi taquin, tu feras la mort. N'oublie pas de te dévêtir : on verra le jour au travers de tes failles de bois craqué. Et moi, je ferai la terre, parfois brune, détachée, parfois rouge, entachée!

Et là, juste là, nous allons jouer! Mais à quoi donc, aux dames?
Je ne pourrai m'en sortir, de rétorquer le gouffre!
Alors, à quoi allons-nous jouer, demande l'herbe verte.
A l'alphabet, dit le silence.
Mais non, dit la nuit, ce sera trop long!
Nous allons jouer au voyage, dit l'amibe.
Et tous acquiescèrent, poursuivant leur course infinie à travers l'espace!
    TIC-TAC, TIC-TAC, entendait-on de toutes parts.
Et la ronde reprit de plus belle comme une farandole où venaient se greffer les étrangers!
Le premier, balourd, tira intempestivement la couverte vers lui, faisant renverser les verres: c'était la pluie! Comme toujours, en renversant les jeux, tous se mirent à plat ventre pour courir, culbuter et se dire!
S'étant bien imprégnée, la pluie reprit sa place, la terre lui ouvrit ses flancs de silence. Depuis lors, les lacs, comme troubadours, poissonnèrent fiévreusement d'un pays à l'autre, constants nomades en pays étrangers!
A quoi allons-nous jouer maintenant? dit la terre renversée.
Soulève-toi juste assez pour me laisser respirer, dit la

graine qui venait tout juste d'arriver. Et la terre regagna son lit, sur la pointe des pieds, sournoisement comme pour sur-prendre la taupe ex-ilée et lui redonner patrie. TIC-TAC, TIC-TAC, s'écria la mouette blanche qui sur-volait la terre! Dès cet instant, les poissons s'érigèrent en armée, remontèrent en surface comme bataillon de dents aux lames acérées, tendues par la corde d'un arc qui lançait ses projectiles édentés!

Aïe, s'écria une mouette; arrêtez, arrêtez, je ne voulais pas vous insulter! Elle tomba, rougit l'eau de son sang et aveugla les poissons qui continuaient à tirer puis s'inter-rompirent d'épuisement.

Hé! s'écria la gazelle, vous faites des jeux trop dange-reux, adressa-t-elle aux poissons! Personne ne jouera plus si vous continuez! Pour rétablir l'équilibre, la gazel-le but quasiment toute l'eau des lacs et les poissons fu-rent réduits à la survie. Ils souhaitaient la pluie de tou-tes leurs gencives partiellement édentées!

Que ferons-nous de la mouette blessée, s'écria la saute-relle ambulancière!

En extraire le projectile qui l'a touchée, dit le vent;

et la reposer sur mon ventre, dit la terre;

et la panser de ma chaleur, dit timidement un rayon de soleil venu à la rescousse.

Surgit alors l'ours que l'on n'avait pas encore entendu, tant sa présence était lourde. Eh bien moi, dit-il, je vais emmitouffler sa blessure dans la chaleur de mon poil. Mais le kangourou rouspéta, se croyant mieux placé pour contenir la mouette.

Non, lui dit la terre, tu sautes et tournes trop vite pour elle; c'est de repos qu'elle a besoin.

L'herbe verte dit alors : moi, je peux la contenir; je lui offrirai à la fois la jeunesse de mes bras, la stabilité de la terre, la fraîcheur de la rosée, la chaleur du rayon de soleil et le bercement de la brise.

Tous acquiescèrent et firent un cercle autour de l'herbe verte, porteuse de la mouette blessée. Le feu même se mit de la partie pour purifier la blessure : il roucoula comme braise sous l'aile blessée de la mouette pétrie d'un contact si direct!

Peu de temps après, l'espace de quatre lunes, la mouette fut rétablie et porteuse d'une cicatrice en plein milieu de l'aile gauche jusque sous la poitrine! Engrossée de tant de présence à elle-même, de sa fragilité qui faisait sceau sur son corps, elle s'ébroua lentement et reprit ses ébats.

Ses amis étaient muets, cois! Elle leur apprit à chanter! Ils inventèrent ensemble l'hymne du battement de l'aile. Tous chantèrent selon leur timbre de voix, dans un concert féerique, TIC-TAC, TIC-TAC; TIC-TAC chantait aussi la mort en contre-temps. Et la terre battait gravement la mesure! Et les secondes s'écoulèrent harmonieuses de n'être pas bafouées par tous car tous chantaient leur TIC-TAC!

La saison terminée, l'ours se replia sur lui-même, au ronronnement des TIC-TAC et cambré dans sa fourrure, il entendit les TIC-TAC de son cœur avant de plonger dans le sommeil hibernal.

Il faisait TIC,
il fera TAC.

Quant à la sauterelle, elle poursuivit, d'espace en espace, son rythme égrené de TIC-TAC.

La lune, elle, décantait ses TIC-TAC.

L'herbe verte les fit danser doucement, de plus en plus, jusqu'au temps de la neige qui vint la couvrir.

Le rayon de soleil, plus vigoureux, communiqua alors ses TIC-TAC à ses frères qui surgirent sur la terre presqu'endormie.

Le kangourou, lui, était parti sur une autre planète.

D'un bond, TIC! Il partit,
TAC! Il s'était enfui!

Et les poissons s'étaient enfouis sous les pierres, punis par la gazelle gardienne de l'équilibre. Mais la taupe, sous terre, veillait déjà à creuser des canaux pour que s'y écoule la pluie dans les lacs à-demi desséchés! A ce moment, le silence de son TIC-TAC bavard vint réconcilier et pacifier les poissons. Tous retournèrent à leurs jeux solitaires!

Depuis ce temps les étoiles découpent le ciel et scintillent, tour à tour, dans un TIC-TAC infini. Même les étrangers qui venaient sur cette planète, y entendaient les TIC-TAC; TIC-TAC, TIC-TAC leur répétait l'écho à l'oreille sourde de leurs rêves.

Parmi les hommes, il s'en trouva un qui voulut reproduire tous les TIC-TAC : un horloger essaya toute sa vie, en vain, et c'est à l'instant de sa mort qu'il entendit TIC! Mais il était trop tard pour le TAC!

L'ours si familier du sommeil le porta en terre, seul, escorté majestueusement par les étoiles!

Pendant ce temps l'herbe verte dormait toujours et la terre vrombissait sous la gestation d'une saison nouvelle! TIC-TAC,
A bientôt!
A demain!
Nous réinventerons un jeu, se disaient-ils tous, dans le silence de leur TIC-TAC!

Et TIQUE-TA-QUE, se disaient-ils, en guise de bonne nuit.

Les coriaces
(Effigie, suite seconde)

Tous sommeillaient encore quand l'hiver ouvril l'œil. Il appela vers lui tous les rescapés; depuis tant de saisons qu'ils voyageaient seuls.

Arriva le renard, fier d'être le premier au rendez-vous. Sa gueule suintait de buée froide, son poil était somptueusement érigé, prêt à vaincre les vents les plus déchirants et les vents les plus plaintifs.

OUOU! OUOU! criait-il, en guise de rapatriement! Dressons les cordées! Hissons les voiles! Allez!

Survint alors une myriade d'oiseaux au sang froid qui découpèrent un blason chevronné sur fond azur, comme ridelles détachant le ciel de la terre.

Le renard, encore insatisfait, glapit jusqu'à la tombée de la nuit. Mais personne d'autre ne venait! Très bien, dit-il, nous allons jouer à la cachette. Je compte jusqu'à trois et pars ensuite à votre découverte. Prêts ou pas prêts, j'irai! Une, deux, trois nuits passèrent. A l'aurore, il bondit dans la forêt, tourna sa tête en tous sens comme un périscope au plein milieu d'une tempête et brusquement, il s'arrêta, souleva une branche de sapin alourdie par la neige, immobile et suspecte; sous elle gisait une portée de lièvres! Oh! Oh! Je vous ai attrappés, dit-il. TAC! Il les avala d'un trait.

TIC-TAC, TIC-TAC...

Ce n'est pas juste, tu donnes trop peu de chances aux coureurs, foudroya une voix de tonnerre. Je veux bien croire que c'est l'hiver mais enfin, c'est quand même l'hiver pour tous; et sache-le! Il faudrait être plus courtois. A cet instant même, un éboulis de couleurs envahit le pays. C'était à n'y rien voir. Les oiseaux éblouis avaient peine à retrouver leur nid. Dans ce silence aveuglé, les arbres craquaient, le vent sifflait à rendre sourd! Tous se précipitèrent chez eux, se bouchant les oreilles de leurs mains! Même le renard s'était enfui, mais personne d'autre ne l'avait vu fuir car chacun était aux prises avec la survie!

TIC-TAC, TIC-TAC.

Seul le hibou traversait la nuit, les yeux ouverts. Il cherchait un jeu auquel tous pourraient se greffer, à la mesure de leur agilité. Un jeu où chacun aurait une place qui lui appartienne! Un jeu d'équipe, peut-être, avec des défenses, des attaques, un gardien, bref un enjeu!

A l'aube, passa un orignal à qui il raconta ses rêves. Hé, ajouta-t-il, toi, muni du panache, si on jouait aux hommes! L'orignal d'éternuer et de dire : « Et bien, essaye, voir! Personne ne se pointera ou ceux qui se pointeront s'entre-déchireront! » Il faudrait plus de TACt, dit-il, hochant la tête et laissant le hibou s'endormir avec l'énigme.

TIC-TAC, TIC-TAC.

Et les TIC-TAC roulaient à l'envers, cauchemar de hibou!

TAC-TIC, TAC-TIC, TAC-TIC...

Puis on surprit le silence à la bouche-bée d'où ne jaillissaient que des TIC,

TIQUE, TIQUE, TIQUE, TIQUE...

Plus tard dans la nuit, un inconnu, bien dissimulé, à la

barbe blanche tel le grand-père lièvre, proposa le jeu de l'hiver.

TAC!

Tous furent happés par l'ironie du sort et la perspicacité du jeu. Les yeux pétillants de cristaux scintillaient sous les courts rayons du soleil.

TIC-TAC, TIC-TAC, brillaient toutes les branches sèches et crépitantes; c'était leur dernier recours. Les oiseaux le savaient bien : ils s'y posaient délicatement,

> TIC-TAC-TAC-TAC
> TIC-TAC-TAC-TAC
> TIC-TAC-TAC-TAC...

Tout à coup, une voix de croisé, en forme de « X », déchira la vie, la triturant de son chant épique : « Les anges dans nos campagnes, ont entonné l'hymne des cieux... »

— Nous avons dit que nous ne jouiions pas au jeu des hommes, tricheur, interrompit la fauvette affolée, discernant que ce jeu n'était pas ouvert à tous. Si chacun ne peut dire sa repartie, ce sera de la démence, dit-elle, larme à l'œil.

Le vent glacial vint figer cette larme sur sa joue, y cicatrisant une de ses transes aiguës.

— Alors quoi, dit le gouffre, il ne faudrait pas s'incruster trop rapidement, au risque de perdre tout mouvement. Moi, je pense que c'est une très bonne idée de jouer à l'hiver.

— Et moi aussi, s'exclama la roche au sein gonflé des sous-venirs des âges! De quoi nous permettre d'enjamber l'hiver sans en mourir encore!

— Et bien oui, de rétorquer la glace au gouffre, j'aimerais beaucoup jouer à l'hiver parce que, tu sais, je suis amnésique. C'est ma tragédie de fondre inlassablement, sans laisser de traces. Et si seulement, seulement l'espace d'une aurore, je pouvais entendre la mémoire chuchoter comme douce brise, à l'oreille de mon ventre, pour la première fois alors, je pourrais me dégonfler sans amertume. L'euphorie de l'invisible se conjuguerait dans mes flancs à la manière d'une volée d'oiseaux migrateurs. Les frontières chanteraient de leurs TIC-TAC les plus cristallins, comme un Hosanna en crescendo.

A ce moment précis, comme un cœur qui bat à folle volée, les mouettes se posèrent autour du gouffre, pieds nus dans la glace, prêtes à jouer à l'hiver. Le souffle reposé, elles buvaient avidement les secrets des cristaux exotiques. Et le gouffre roupillait dans l'extase de la distance conjuguée au grain de sel.

— Mais comment joue-t-on l'hiver, d'esquisser une feuille morte.

— Il te suffit de laisser mijoter l'éruption du froid jusqu'à ce que la chair soit en ébullition de frissons, grésilla le vent.

— Mais c'est ce que je fais, dit-elle, et je ne trouve pas ça très plaisant.

Le hibou, à l'œil coriace, lui suggéra de se dé-tacher de l'arbre, de danser avec le vent et qu'ainsi elle jouerait vraiment à l'hiver.

— C'est bien facile pour toi de me le dire, retorqua la feuille, toi dont le poids courbe la branche. Mais moi je n'ai pas le choix, je suis d'ailleurs et d'ailleurs plus lourd que le vent : c'est mon désert, mon hiver à moi. De plus, tu sais, je joue à l'hiver de l'hiver quand la nuit, je veille.

— Je comprends, dit la feuille morte mais ta voix est si grave qu'il me fait mal de l'entendre et je tremble fiévreusement à l'idée de me détacher de l'arbre.

Un oiseau indiscret au sang froid qui *passait* par là, vint en aide à la feuille, la dépouillant de son origine pour enfin la mettre bas sur l'aile du vent.

WAOU! WAOU! WAOU! Quels fantastiques tourbillons faisaient virevolter la feuille morte! Elle reprenait vie en terre étrangère. Les TIC-TAC résonnaient à ses tempes comme autant d'écueils aux aguets de la mort! Au crépuscule, elle rencontra fortunément une poudrerie du nord qui la transberça, la libérant du peu de conscience qui la retenait encore dans sa course folle, lourdeur l'incitant à regagner le sol. Depuis ce temps, absolument décoiffée, la feuille rousse joue à l'hiver, sans même le savoir de son plaisir éclaté, pour la retenir.

Jaloux de la stabilité du hibou, le renard lui reprocha de ne point jouer à l'hiver, de tricher. Le hibou lui révéla alors que même s'il n'avait pas besoin des autres, il jouait quand même à l'hiver. « Tu vois la feuille, déjà partie, avec elle je fais l'expérience de la mort. »

— Pauvre mec, lui dit le renard!

— Oh! Là! attends, toi! Tu sais, tu n'as pas les mains blanches car tu joues, toi aussi, à l'hiver, d'avoir besoin des autres pour les déjouer!

Mais le renard était déjà parti à la chasse; il n'avait pu entendre.

— Cessez de vous disputer, disait une bande d'oiseaux au sang froid qui survolaient. Pourquoi ne fabriquerions-nous pas un dieu, comme bonhomme de neige à l'oreille fondante sous les *expirs* de nos gazouillis?

Sournoisement, revint le renard qui prêta main forte aux oiseaux au sang froid pour construire l'épouvantail hibernal. Le hibou sous-riait, satisfait qu'enfin une maison hantée circonscrive les fantômes errants de la mort. Lui qui portait depuis longtemps, en son sein, l'hiver même de l'hiver; il ne serait plus seul à jouer à ce jeu, parfois tragique, il le savait, ayant, la veille, surpris le gémissement impromptu d'une de ses rides. Il ne pouvait que leur prêter main faible!

Au fur et à mesure que prenait forme cette cathédrale hantée, les bâtisseurs s'apeuraient. Le hibou, surveilla un peu à l'écart, et vit même le visage du renard qui perdait du relief. Il s'insurgea alors en chef bâtisseur d'entreprise et leur prêcha le courage! Il avait tout à y gagner, criblé par la peur qu'il était. Il ne serait plus seul, transpercé par les canines de l'hiver, aux prises avec la douleur. Mais il avait grand-peine à leur enseigner le rythme avec lequel il fallait approcher les fantômes de la mort! Pire encore, la cathédrale une fois sur pied, il était mort. Des bâtisseurs s'étaient fracassés la tête contre les murailles; d'autres, montés sur échasses, avaient été happés par le vertige! La cathédrale se transforma en d'immenses catacombes.

Les fourmis, en rangées d'évêques, vinrent consacrer les lieux.

Paix! Paix! Paix! hurlaient les roches muettes de tant entendre les spasmes utérins de la terre en gestation!

Le gouffre souleva ses poitrines et écarta ses lèvres pour respirer, laissant échapper le cri de l'âge au creux de l'oreille des roches, pour timidement les bercer. Et la glace désolée retrouva hélas la mémoire au détour de la crue des eaux qui balayaient la planète d'une saison nouvelle. Cette fois-ci, elle allait fondre avec beaucoup plus d'amertume.

Et le renard, en compagnie du feu, ébranla les restes de la cathédrale jusqu'à ses fondements. Sous le travail des *esses* pris, les murs secrets et fortifiés se déchirèrent de maturité hivernale et les mouettes affolées vinrent se nourrir des graines engrangées qui coulaient par les fentes. Comment vivre le printemps? Elles seules le savaient! Du sang chaud coulait dans leurs veines! Tandis que l'oiseau noir survolait tête basse; ému, il alla se trapper sous les décombres, croyant peut-être y renaître de leurs cendres. C'était un oiseau-suicide, obsédé par le vertige de la mort!

Des cendres, Des-cendres, Descendre!

On n'entendait plus les TIC-TAC, tant la terre battait

fort la mesure! Les océans courrouçaient sous le battement des glaces qui se fracassaient : doux leurre de la dérive de l'hiver! Les eaux se gonflaient, renversaient, couvrant *l'expir* des rives bafouées, pétries par la débâcle! Le printemps explorait, saccageait, pillait! Il faisait son lit dans la gencive de l'hiver édenté!

Au nord, quelques banquises réfractaires, comme blocs erratiques, s'érigeaient comme pierres tombales blanchies, archives de l'hiver, fossiles du passé incrustées à tout jamais dans les rides de la calotte polaire, terre *mort-fondue* de gelivures nombreuses. Mémoire des temps perdus où les cavernes narcissiques du passé, déchirées par le printemps, ne regorgeaient plus de secrets féériques! Misère noire des temps cristallisés dans l'espace blanc des rêves amnésiques.

> La mort ne chantait plus
> et ne chantera plus jamais!

> L'écho ne répondait plus
> et ne répondra plus jamais!

> TAC!

Le viol de l'anse

Mon corps grouille d'étrangers qui mouillent à mes reins. Ne croyez pas, monsieur, que vous y gouverniez la circulation! J'ai mes propres feux rouges, verts et oranges. Et pour vous faire taire, je dispose de feux mauves qui percent les yeux et déroutent les regards qui viennent y voir.

Vous êtes l'étranger, Monsieur, qui voyagez en mon ventre : je vous absorbe telle une terre nerveuse aux spasmes volcaniques et j'incinère l'origine dont vous cherchez éperdument les traces.

Je suis la glace qui étrangle silencieusement les âges; les morts-nés vrombissent en mon ventre, remontent à ma gorge, gonflent mes seins; mon écriture dénoue, renverse et met bas vos griffons agrippés à mes flancs bipolaires.

Je suis l'anse du viol où vos rêves s'échouent.

Votre présence de mort, comme un œil enfoui sous terre, se retourne en moi-même, se déchire aux confins de mes crêtes ventriculaires. Majestueusement, je vous avorte dans un délire et votre passage s'inscrit au cœur de l'insuffisance de l'histoire. Mon temps n'existe plus qu'en dehors du temps. Je vous y expatrie pour vous mettre bas dans les tranchées même du sarcasme de l'ex-il.

A votre tour de vous laisser porter par le don et le doute. Dieu-Donné, qu'on l'appelle parfois! Quelle risée, GUI-LI, GUI-LI! Souris à ton maître, dis-lui que la terre est belle, le fleuve majestueux et la mer engouffrante!

Éclate ton corps de maturité hivernale, je n'en dirai maux; mes lèvres même sont de glace : elles ingurgitent ce qu'audacieusement fond ma gorge chaude, engrossée, silencieuse. Et je ne puis dire qu'inversé, le passé de ton corps. Je donne tout ce que tu n'as pu encore donner! Et tu me poursuis comme en miroir, toi, l'étranger dont les drapeaux flottent à la dérive de tes rêves, œil perdu de lire et de panser.

Mes caméléons, victimes de leur habileté à se mort-fondre, sont rouges désormais; comme maux de sang avortés, ils s'écoulent et désertent mes flancs qui les exorcisent! Je suis brune! Je suis nègre! Je suis nègre-brune! Persécuté par le sans sens, le sens du sang tourne, devient une épave à l'oreille détachée de mon ventre qui transmue les âges.

Je suis l'anse du viol où tes rêves échouent.

*

Comme caverne préhistorique, mon ventre répercute les sons les plus aigus et les plus graves! Je polarise et pulvérise sous des décibels endiablés qui *rondent-folle* et gardent le corps comme des aliénés assis au plein centre de la chambre, jouant paisiblement aux échecs. Les cavaliers, eux, ils sont déjà noyés : l'écume marine qui suinte de leur gueule, décolle leur rétine sous l'érosion du sel. L'échiquier n'est plus qu'un assemblage biscornu de miroirs qui donnent l'illusion de la profondeur. Même le roi ennuyé s'enivre et s'enfuit hors du jeu : promu par un plaisir despote, il déserte le fruit de ses propres entrailles, enjambe les pions affolés qui refusent l'évidence du jeu d'échec et s'entêtent à reconstituer le jeu! La reine, au visage froid, découpe implacablement l'ombre mouvante de la fuite du roi, comme un oiseau de proie qui cisèlerait la glace; inlassablement, elle trône au plein cœur du jeu, seule à se donner la repartie. Le roi s'est enfui et les pions par justesse du sort sont devenus muets, sourds et aveugles.

Peu à peu l'échiquier se transforme en un immense champ aux replis tantôt désertiques, tantôt prolifiques, tantôt les deux à la fois. La terre est nègre-brune! A la fois le fouet et l'esclave! A la fois le sang et les traces! A la fois le cri et l'écrit! A la fois le silence et la mort! A la fois le plein et le vide! A la fois le dedans et le dehors! A la fois la crête et l'abîme!

*

Bip, Bip, Bip, Bip, Bip... entendent les géologues à travers la longue vue de leur stéthoscope! Ivres d'entendre battre la terre, ils exploitent ses gisements amnésiques de minerais et d'eaux. L'eau, ils ne s'en souviennent guère et la laissent s'écouler dans son lit; les métaux, ils les engrangent avaricieusement dans leurs coffres minés par l'ignorance de leur singulière démence! Avides, ils déchirent depuis longtemps la terre qui un de ces jours renaîtra d'une éruption volcanique si violente qu'elle ensevelira sous ses décombres, leurs trésors phalliques! Les mâles les plus forts renaîtront de leurs cendres et jailliront sur la terre comme nouveaux-nés en voyage dans l'espace du vide! Peut-être alors pourront-ils nous parler du lieu même de la mort et les entendrons-nous dire le silence à la manière du cristal fragile, cuit à maturité pour chanter la lumière.

Géologues de demain, nous vous attendons pour que vous racontiez les âges avec des mots rougis au fer de vos naissances écrues! Des mots en relief, rougis de gènes!

Nous vous ouvrirons alors nos ventres comme bouquins caverneux où se répercuteront vos visages! Votre œil brillera d'une phosphorescence écarlate et éclairera les routes souterraines où cligneront les lumières vertes. Nos enfants dégringoleront comme masses lumineuses sur fond azur et obscur. Ils informeront notre œil de leurs propres couleurs et berceront nos oreilles de leurs propres crescendos! Nous ne les entacherons plus de nos *expirs* singuliers et nostalgiques car la solitude, nous la porterons sous notre froc comme soldat fier de porter les couleurs de son pays.

*

L'anse onduleuse de mon ventre perfore mon hymen de tant de vibrations nocturnes! Je suis morte!

Tous les cris des vivants me parviennent et s'illustrent en bandes dessinées sous l'ancre noire de mes nacelles en deuil du panorama de vos fantasmes. Je sillonne les continents par en-dedans : les roches sont les étoiles savantes de ma nuit. En secret de religieuse, elles me racontent les âges à l'oreille déchirée de mon corps qui veille encore à son corps, comme agenouillé au pied de la dépouille mortelle de son autre!

Jadis de mauvaises odeurs pénétraient mes narines et je me disais qu'il était temps de m'enterrer. Depuis lors, j'orbite sous terre parmi les restes rachitiques de mes ancêtres émigrés dans les pays d'en-bas. Votre œil perforé de mes feux mauves, Monsieur, c'est mon visa; je le porte sur mes reins. Aux frontières, je n'ai qu'à le présenter à vos gardes-côtiers qui me redonnent carte blanche pour vous hanter dans la nuit de vos rêves. Et les cloches aux multiples mains blanches carillonnent la jouissance des retrouvailles marines sous la couverture du sommeil. La jouissance se redonne à l'ignorance de n'être plus mort-scellée. Et j'orbite, j'orbite, j'orbite... La vie ne me retient plus. Je vogue telle une pionnière à la découverte des pays d'en-bas.

Je suis l'anse du viol où vos rêves échouent.

*

Spectateur, tu t'es lavé dans l'eau même de mes rêves! Te voilà tout propre, aseptisé; tu peux te décorer de la parure de sang décorporisé de mes fantaisies nocturnes.

Je suis l'anse du viol.

Et debout dans l'engouement, les citoyens enivrés entonnèrent frénétiquement *l'Internationale,* clôturant l'avalanche de mes maux! Les plus braves, dans une danse macabre, firent la ronde des feux follets! Les clameurs fusaient de toute part, les sueurs ne perlaient plus sur mon front. La rosée prenait la relève du sang!

La schize d'une larme

Plusieurs fois centenaire,
une larme refroidit
au coin de mon œil violé
par le spectacle de la mort.
Son cristal vocifère la lumière.

Ainsi pend à ma paupière
sentencieusement
le poids de l'enfance inachevée.

Traquée par les rafales de l'hiver,
elle se précipite
sous la paupière de mes souvenirs enfouis;
elle me divorce du dedans.
Me voici voyante aveugle.

Larme trahie de l'enfance
emprisonnée à perpétuité
dans le sursis des mots.

Au débat de ma libération conditionnelle,
elle inscrit sa balafre
à la face de mon souffle
et constamment déchire mon sourire
d'un œil railleur.

Le sortilège de ses eaux mortes
m'imposture
au cauchemar du réel.

Comme un clown sevré
de ses gambades printanières,
elle cantonne la faim
chez la répugnance ascétique
aux fenêtres de givre.

Elle exorcise la douceur
aux confins de la rupture sanglante,
parole enchaînée au piège du piège.

Attablée au gouffre de la faille,
elle ingurgite les silences interdits
assaisonnés de lapsus clairvoyants
et résume ma vie à l'entracte
d'un drame inachevé.

Larme maudite
épinglée au babillard de l'enfance
où pleure le vertige.

Du fond caverneux de mon ventre
elle téléphone le dénouement:
parole matinale du noyé
dans un futur qui ne vient pas,
temps foulé à la coque de mon navire.

Depuis ma naissance par effraction
une soif cagoularde
cambriole le désir.

Les pores de ma peau
maudissent l'anse
où mes rêves amnésiques
ne mouillent plus,
ni même de mémoire.

Diluvienne ligotée à la douleur,
une larme trahie
me fige au creux du passé.

Rêves fondus au creuset du désir

Sa douce voix serpentait
comme l'aiglefin
dans une rivière cristalline.

Les rêves chaviraient
au transparent des mots:
doux murmure d'une chute printanière.

D'un côté, la misère
de l'autre, l'ivresse.
Allez passez, passez
faites circuler
l'anémie de vos songes.

Allez, allez
précipitez vos rêves
à l'éprouvette du vide.

Tirez les ficelles de la nuit
jusqu'à ce que l'aurore ouvre l'œil
et promène sa nudité pudibonde
aux rides de votre visage
creusées par la sueur des saisons ouvrières.

Déployez l'océan d'une soif bavarde
où sombrent vos vaisseaux sanguins
au récif d'un cœur toujours étriqué.

*

Dans un cercueil
un vent sourd
dandine inlassablement l'espace
au ricochet des pleurs.
La nuit prend parole.

Les rêves s'étiolent
comme des papillons désinvoltes
qui butinent l'obscurité.

La fringale du désir
blottie aux soubresauts de mon cœur
palpite l'intangible ivresse.
Au labyrinthe des émotions,
la convulsion est reine.

Longue distance

Le désir rompu
au fil d'une mort certaine
orpheline mon utérus.

Le corps
— par le souffle déserté —
de mon amour
entr'ouvre sa cage thoracique
d'où s'envolent millions d'oiseaux
vers la nuit des temps.

Leurs gazouillis
comme des *buz-buz*,
sautillent sur la ligne
toujours ouverte
d'un téléphone béant.

Nous ne parlons plus
qu'à très longue distance.
Dring! Dring!
Outre-tombe appelle la terre.
Parlez. A vous!

Mais que dire!
Le langage du cœur est silencieux!
A vous!

Le silence de vos lèvres béantes
lubrifie ma nuit.
Et le désir qui roucoule
de mes lèvres relâchées
vous gazouille l'infini.
A vous!

Je vous aime
par delà mon corps étriqué
de la torture de vos spasmes nocturnes.
A vous!

Ma chouette,
je vous entends gémir la soif
comme autant de gouttelettes
qui viennent en rafraîchir mon visage.
A vous!

Mon amour,
incessamment vos traits se redessinent
au souvenir de nos corps à corps.
Je vous aime.
A vous!

Ma belle,
si vous saviez alléger la lourde incertitude
nous pourrions nous aimer encore
au récif de nos marées montantes.
Je vous espère.
A vous!

Mon bel amour,
pourquoi cette terrible distance du vous
où nous convoite le vertige
s'érige-t-elle entre nous?
Vous n'êtes pas sans savoir la bataille des mots,
mon frère.
A vous.

Ma petite,
le vous c'est le pluriel
du lieu où je parle.
Hélas, le singulier s'est abaissé
comme la paupière d'un atavisme
sur le caïn de mon œil.
A vous.

Mon amour,
j'ai peine à t'entendre encore.
La ligne s'effrite,
je perds les syllabes de ton verbe.
A vous.

Je vous embrasse
à longue distance de ma chair...

Je vous fais l'amour
à courte distance de mes maux.
A vous.

Non, c'est à vous,
me répondit-il
avant de se taire.

Le téléphone saignait
de certitudes incertaines,

coloris de l'espace,
ondulation du désir.

A vous, à vous, à vous!
Je n'ose plus m'appartenir.
Si longue est la route;
je n'en finis plus de franchir l'infranchissable
qui avoue nos rêves.
A vous! A vous!

Ma voix ne porte plus.

Mon traître désir, depuis lors,
mouille dans les rues de la ville
et miaule à la lune.
A... moi! A moi!

Un policier surveille mon hystérie;
les mains blanchies par la peur,
il continue son chemin:
« à vous de vous y débattre,
à vous de vous y noyer ».
A vous... à vous!
A moi... à moi!

Et le silence
de se taire
reprend la parole
à la brasserie du chaos;
le sursis de l'ivresse
libère conditionnellement la souffrance.

Lait, sang, ivresse,
terre, mer, déboire.
Je lève mon verre:
« A vous. »

Déraille filiale

L'oreille à l'enceinte inouïe
vagit
dans la tempête schizoïde
des eaux maudites et inaudibles.

A l'écoute vrombissante
des hurlements primitifs,
il me faut dire
ces silences détachés
sous le grincement des forceps.

Une déchirure aveuglante
me met bas.
Les pinces de la déraille
empoignent l'équilibre stagnant
des eaux mortes,
vertige des trans-fers vers l'ailleurs.

Le placenta bat la mesure
véhémente
des ondes lumineuses
et ma rétine se découpe
aux contours
de visions effarouchées.

Au sombre couloir
des balises déchues
je délire
les engelures de l'exil.

Importée sur les vagues contenues
aux embâcles de son ventre,
je déporte sa souffrance.

A la dérive courroucée
des eaux crevées,
j'enjambe le réel
aux tranchées spiralées
du souffle court de ses spasmes.

En mémoire de sa délivrance,
à plat ventre,
doigts sanglants,
j'apprivoise, de mes larmes,
la soudaine migration.

Les poches trouées
de mots amnésiques
j'égrène mes provisions de nomade
au visa sédentaire.

Le cordon saigne
aux soubresauts de mes pleurs
et feu l'ombilic
se conjugue à l'impératif passé.

Mon ventre balbutie
l'appel à longue distance
de mes maux.

Et le siège effrité
de mon enceinte d'origine
s'invertèbre
aux décrets de mon inspiration.

Le temps épinglé
au babillard de l'espace
prononce l'interdit.

Une sage-femme se pourlèche.

Brouillards

Que d'heures passées
au chevet de mon agonie
comme lente maturation
qui macère l'espoir
et incube la soif.

Frémissantes et aveugles,
mes mains tirent de l'aile
au corridor de l'impasse
et se crispent au détour du récif
de l'enfance inachevée.

Ma bouche orpheline
gerce ses lèvres
aux murs glacials de ma nudité
et son rictus tourmenté m'enfonce
jusqu'au vertige des nuits analphabètes.

Quel regard
aux yeux d'aigle
percera ma nuit
jusqu'à l'aurore
comme une larme de rosée
à mon visage illuminé?

Une soif prétentieuse
quelque part crie au scandale
de ne plus ourler
la nuit de mon délire
ni trôner sur mes angoisses.

Comme une reine despote,
elle tressait ma chevelure
et gonflait ma voile d'amertume
de s'obstiner à empoigner le vent
au plein cœur de la béance de ses spasmes.

Elle me traînait dans la boue
de ses eaux stagnantes,
épinglait mon vertige
aux remous de sa voluptueuse doublure
empesée de tous les déboires d'un peuple osseux.

Je fus allaitée d'un sang noir,
harcelée des spasmes inquiets et courroucés
d'une mer affamée et vorace.

Dans la tige des pissenlits,
le lait était amer.

*

L'ossature de sa nuit
vertèbre le jour insatiable
aux saisons de mon corps.

Ses yeux noirs
à la pupille meurtrière

pleurent la déroute du sang
au sillon de l'aurore
générée par le doute.

Telle une femme-grenouille,
mi-terrienne, mi-aquatique,
les saisons inachevées,
j'ondule, j'ondule, j'ondule...

La houle de mon cœur
ramène au rivage
des souvenirs migrateurs
gercés d'engelures
et criblés de boursouflures.

L'avant-hier traversé de mes mains tâtonnantes
au roulis millénaire de la soif noctambule
pirouette les rêves
au fil d'acier de la nuit
sur la profonde surface de l'écume.

*

La ronde macabre des feux follets
de mon désir nécrophage
échoué au cimetière des angoisses
exhume les ossements de mon père
de la dalle d'une enfance tombale.

Et cet arbre millénaire
aux racines inextricables
m'ossature un filet d'hymen
aux brins resserrés
qui éteignent le jour.

Inexorable,
la berceuse océanique des vagues
ondule la jouissance
jusqu'au sommet de la mort
où reposent les inquiétudes.

Le cortège funèbre des clapotis
ronronne sa lugubre valse
au tambour de la grève.
L'espace étoilé de coquillages
gît imbibé des tam-tams sataniques.

Sang-nom

Des pores de ma peau
suinte l'accouplement.
Je suis mon hôte
dans la renaissance
des fantasmes.
Vautrée
dans des horizons
hier encore inaperçus.
Dépouillée
des haillons
de la peur endossée.
Palpitante
dans l'intempestivité
des vagues nocturnes.
Crépitante
d'une beauté
que plus rien ne maquille.

*

J'aborde l'ailleurs
et mes joies clandestines

débordent mon ventre
pillé par l'ici.
Criblée par les marées
j'illune la cassure
et endigue le pas
dans le silence de mon orée.
Je roule sous le gonflement
des vagues imprévues
et j'adviens la jouissance
du cercle
qui roue-coule sur lui-même.

*

Dans ce précieux silence
amalgamé
à mes déserts irradiés,
mes yeux écarquillent
l'outrancière démesure.
Je ne mets plus de rimmel
à la paupière de mes mots.
Et l'atavisme coagulé
à mes flancs,
je danse, feu follet,
la mémoire des « déjà » inhumés
au rythmes des spasmes
sous-terriens
de mon père
qui détournent l'ailleurs
en réel de parodie.
Feu interdit!
Je trône sur ses angoisses
couronnées du sang versé
de mes désirs.

Ma fidélité est canine
et mon maître
est la houle émoussée
du temps.

*

J'ingurgite la spirale
et mes acrobates la conjuguent
aux trousses de leur agilité.
Je parcours les sans-issues perforées
de mes certitudes consanguines.
A l'hôtel de mes confusions,
je nourris les plantes exotiques
de l'enfance
et souille la propreté
de mes menstrues.
Dring, Dring
je réponds au téléphone d'outremer
et la voix outre-ansière
me parvient
comme une expatriée
qui envahirait son pays d'origine.
Les lignes sont parfois mêlées
Buz, Buz
et la censure de la distance
décante le désir.
Mais qu'importe
un message utéral crie
du fond de ma mère.

*

Utérus.
Gîte tant confortable

et si tant éphémère...
A croire que le temps
est généré par l'espace.
Et l'espace, à croire
qu'il est illimité.
Mes rêves androgynes
copulent entre eux.
Je suis la suffisance de la terre
à l'en-dehors maquillé de saisons.
Je daltonne le prisme
sous l'incandescente rosée
du revers de mes lèvres
et ma parole chromatique
inonde l'œil
des diff-errances.

*

Les longues distances en mini-jupes
inversent l'indécence
de mon cœur écœuré.
Mes vêtements de salive
secrètent des confluents
à la jonction de mes doutes.
Comme un gant, ils masquent
mes mains
d'une puissance strangulaire
et imperceptiblement
au trans-parent de mes doigts
ces gants se trouent
sous l'ongle de mes prises.

*

Je n'ai point de mot
pour trans-substantifier
l'innommable.
Pourtant, il me drape et me trappe
sous les hardes
de sa robe nuptiale.
Et déjà j'embryonne
ma recherche-mémoire.

La maison close du temps

Les spasmes de mon ombilic en deuil
commémorent la présence de mon frère mort.
J'ai perdu le fil de mes pleurs
et ne sais si c'est hier ou demain.

A qui dire de tels enfers?
Quelle oreille entendrait
le gémissement de ma chair
ébouillantée par le sang?

Demain, je suis allée au cimetière.
La cime était profonde.
Il était là:
insoutenablement las.

Son sourire béat a mitraillé mon utérus:
une ouverture se tortille en mon ventre
et génère la noire sœur
des grappes d'ovaires posthumes.

La rupture criait si fort
le silence analphabète
que les vibrations nocturnes consumèrent
les restes de mon hymen en fleur.

Mes larmes désinvoltes insultent
la béatitude stagnante à *l'expir* soutenu.
Que lui dire qu'il ne sache déjà,
et comment lui dire sans qu'il en meure davantage?

Une soif ininterrompue
pend sentencieusement à mes lèvres
un verdict de sécheresse;
mon cœur a pris un coup de froid.

Depuis cette tourmente fatale
le temps s'incube au frimas du souvenir.
Je suffoque au nœud de l'espace dénoué
du relâchement de ses muscles.

Mes méninges tourbillonnent
enchaînées au supplice de la débâcle.
L'ivresse du cri ourle mes hantises.
L'horizon s'est noyé dans son sang.

Tout ne tenait qu'à un fil:
nous étions neuf monovitellins
mais l'imposture d'une coquille fendue
signale le réel au judas de l'espace.

Mes ongles voyeurs s'agrippent
à la vie répandue
dans la poêle à friture du temps.
— Un œuf de Pâques pour Madame? —

*

Pourquoi fallait-il que mon très grand ami
m'instruise de la fragilité des mûres?
Je mûris de leur avalanche
aux moindres replis de mes nuits saignantes de désir.

Le stérilet d'une soif
mi-puberte, mi-morbide
s'est solidement attaché à mes flancs.
L'heure est à l'exil.

J'ai perdu mon visage au détour
d'une tempête de sable.
Nul oisif pour réfléchir
ma douleur.

Sur la feuille tombale
d'un passé inachevé
je grave les mots
au vol d'une poussière appesantie.

Le vent sourd souffle la romance
des amours apétales.
Le temps scelle la jouissance
au fer rouge de la conjugaison.

Au moindre renflement de l'espace,
je revois ces mûres
et leurs gencives saignantes psalmodient
l'ironie du sort fugace.

Mon pays est très petit:
le bord de sa jupe
foule la chevauchée sauvage
d'une dentition précaire.

J'ai mal au regard
de ne plus le voir escarper l'horizon
et n'en finis plus d'épier mes tripes
pour en extraire les dents coriaces de la souffrance.

Mais une canine alerte à l'œil averti
joue la pige macabre des mots
et résiste à la bouffe
des olympiades de l'histoire.

Puis-je lui offrir autre denrée
que la jouissance de l'éphémère
qui vertèbre la mort
aux racines indécentes de mon œil guerrier?

*

Le cortège funèbre des vivants
se glisse dans les tranchées de mon ventre
aux soubresauts de mon cœur étiolé
et longe la ligne de tir.

Où sont les adversaires,
où sont les alliés?
Et quelle survie n'est pas trahison?
Serait-il trop tôt pour le dire?

Déjà mon ventre engrossé commet le crime.
Le temps, comme une prostituée,
se dilate à la pupille de mon œil effaré.
Il est trop tard, beaucoup trop tard.

Allons dormir au couloir des messages publicitaires
et, pourquoi pas, à l'hôtel du gouvernement.

Futur antérieur

Un franc désir se lève
à l'équinoxe
et perpendicularise le cri
aux entrailles de la terre.

Pétri sous la déchirure maximale,
son flanc assoupli s'échauffe,
suinte l'accouplement
et informe l'espace
de volutes atemporelles.

L'axe s'épaissit
comme une sauce béchamel
qui ferait le compte à rebours.

3, 2, 1, zé...

L'angle de dissidence est presqu'à zéro.

Une soif apatride
défriche l'espace amnésique
et sculpte la citoyenneté des rêves.

Des murs peints en blanc,
comme tombeau hermétique,
ferment les portes à double clef.

Me faudra-t-il être serrurière
pour pénétrer le silence
jusqu'au cri de l'avènement?

Puis mal chaussée,
comme tout bon cordonnier,
me faudra-t-il perdre la clef
aussitôt découverte?
Comme pour mieux débarrer le destin
des entraves de la mort singulière!

Plusieurs morts
s'érigent ci et là
comme pierres tombales endimanchées
des passés du devenir.
Faudrait pas s'y méprendre:
la mort vit toujours
à l'interstice des pierres fendues;
elle y pousse l'herbe
entre ses dents
comme pour les nettoyer
des sitôt ensevelis.

Le temps,
comme la pince d'un dentiste,
extrait perpétuellement le présent
aux gencives de la conjugaison.

Tout est passé ou à venir.
Le présent constamment dévoré
noue nos cœurs tendus,
ébauchés sur la toile du temps.

Étiolé
comme catacombes,
mon ventre promène les Peaux-Rouges
sur les trottoirs de l'ombilic.
Comme des prépuces à vif de coupures,
ils dévalent la pente raide de mes tripes,
crissent la cavalcade de la débauche.
Je les entends gémir la jouissance
aux soubresauts de mes lettres prégnantes de sang.

Mon sang *délinque*
aux profondeurs de l'abîme
de mes lèvres entr'ouvertes.

Dans la maison close du temps,
la béance me prostitue
au cristallin lubrique
d'une joie naïve et meurtrière.

Et la vie se survit de crier
les vociférations posthumes
qui me génèrent encore.

Comme si la mort était le pluriel
du cri inassouvi
des vocables humains.

Les ovipares au goût d'oseille
prématurent la naissance
des rêves en mal d'origine.

Je bifurque
sous les forceps des mots étourdis
qui écorchent le vertige.

La girouette du nord,
toujours en éveil,
ne faillit jamais:
elle indique la rupture glaciale
des blocs erratiques.

Et l'axe superpose la déchirure
au déchirement de l'histoire,
à la barbe blanchie du hasard.

Je suis l'hôte
de l'espace-temps
par inadvertance du désir.

Le choix se maquille l'œil
au super-marché de l'étalage
de l'ombilic entaché
par *l'expir* orgiaque
d'un dieu ivre-mort.

*

Le lait est le poison le plus venimeux
que la terre eût monté en son sein abondant
pour mieux porter les avatars de ses déboires.
Je restitue la mamelle
qui s'agrippa audacieusement à bouche-bée
et daigna étancher ma soif saignante.

Elle me mit à genoux sur les gencives
dans le corridor de l'impasse
au roulis de ses vaisseaux sanguins
pour me faire apprendre par cœur
le catéchisme du désert déserté
des rêves transfusés au fil de sa grossesse.

Son gros ventre sous-alimenté
me cracha comme un avorton
à la face d'un dehors convulsif.

Depuis lors, je n'ai de cesse
des spasmes de ma naissance inachevée
au ricochet des maux toujours orphelins
et je porte le deuil comme une canne blanche
qui sonderait l'avenir de l'espace.

L'œil rougi d'angoisse,
j'alphabétise la terre
du bout de mes ongles rongés
par la débâcle des voyelles effrangées.

Les consonnes ne me sont d'aucun recours
sinon de m'offrir le répit d'une phrase
toujours en laisse
à l'alinéa d'un paragraphe.

Mes mains sont liées
à la conjugaison du silence;
ma peau balafrée geint
au fouet du passé.

Les blessures qui me portent
sont futures antérieures.
Déjà je ne suis plus
et suffoque sous l'étau des saisons infidèles.

Mes désirs ébouriffés se hérissent
à en casser la glace;
les dents de mes ancêtres éclatent
dans ma bouche écœurée
et prélèvent le cri de mon sang noir.

Je vaccine l'angoisse.

Mon cœur vacille
au flot des mots
et lance des barques fragiles
qui émergent et parrainent ma croisière.

La migration est constante;
mon pays est l'ailleurs
même si mon naufrage
est souvent d'ici.

*

Alors va pour ma proue
qui déchire la mer
et la poupe
insouciante et rebelle
qui sillonne la blessure de son ventre ouvert.

La cale sèche de l'origine
s'estompe derrière le voyage à rebours de mes voiles.
Détenues au creux de la brise,
comme des goélands perdus,
elles s'envolent au reflux
de ma poitrine gonflée d'angoisses.

Mon navire cingle
au nord du nord magnétique.
Le vent chuchote l'ivresse
à l'oreille de mon ventre ailé.
A tire d'aile,
je blasonne l'horizon
d'une jouissance interdite.

Les battements de mon cœur
virevoltent la crinière marine
d'une chevauchée sauvage.
L'écume suinte de ma gueule vorace.
Mon œil persan stratifie l'espace
sous l'envol de mes stratagèmes.
Je suis acrobate de l'air.

Chez les terriens, je pantomime
l'équilibre clownesque;
les sédentaires en mal de partance
assoient un sourire béat
sur les chaises de la convenance.

Aux berceaux des vagues,
leurs lèvres s'écorchent
sur le quai qui les borde.

L'ancre alourdie du limon des âges
accoste leur navire au bassin de mes mélopées
et amarre leurs rêves aux rives de ma soif:

Le capitaine pleure sa trahison:
le trop plein de la cargaison
l'échoue sur les berges de l'avant-hier.

*

Singulière ivresse du présent toujours en laisse
au lit-cage des souvenirs.

Quelle marée haute
le roulerait
jusqu'aux vagues retenues de l'enfance
par la corde raide de l'amarre
où la soif funambule?

Quel vent de l'Est
lui parlerait de voyage
comme on parle d'amour?

Quelle voix humaine
lui chanterait
l'implacable beauté du soleil
qui se couche dans son sang
tel un aigle railleur
qui jouerait les enfants naïfs?

Quelle main de feu
lui raconterait
l'apaisement de cette larme assouvie
qui lentement s'écoule au flanc d'une joue
déjà sillonnée d'inquiétudes voraces?

Et toi le mousse,
tu l'entends roucouler
jusqu'à la mer
comme le gazouillis-raccourci de tes pleurs?
Écoute, je te dis,
écoute la complainte de ton sang.

Mais le vol retenu de l'enfance
tirait inlassablement de l'aile
au corridor de l'impasse.
Et la chair vive
de l'errance outrancière
encore se souvenait de la mort
et suspendait le vol de ses rides.
Son visage rosé, incandescent,
masqué sous le voile noir des chiffres comptables
n'avait pas fini le compte à rebou...
                    3, 2, 1, zé...

Hibernation

Je fus conçue en novembre:
moi des morts.

*

Crevé de fatigue, un œil
encagé au rimmel de mes soifs
pleure la déroute.
Il cligne à tout venant
les étés interdits
au travers des bariolures hivernales.
Les printemps veufs,
voilés d'ironie, de sarcasme et de violence
incarcèrent les étés.

Les clefs enfouies
dans le sang des bourgeons reclus
embûchent la route.
Plein les murs,
les serrures pleurent.
A force d'irriguer,
les larmes crevassent la terre
d'une sécheresse maudite,
moite de l'hiver prolongé.

Le ravin de l'enfance
se pare de l'automne
aux couleurs roussies
qui conjuguent le blanc de l'espace
et de mémoire, copulent avec l'hiver.
Comme un cheval roux
qui tirerait la charrue
et sillonnerait la terre
à rebours du ravin.
Aucun fruit ne saigne
la rougeur éclatée
au sinistre des désirs.

Les ténèbres illuminent la nuit des saisons.
La gestation du printemps stagne
dans l'utérus d'une terre cambriolée.
Si les âges se perdent encore,
il se pourrait bien que la planète en devienne terre étrangère où nous chercherions le pain
quotidiennement dévoré
par une faim castrée.

*

Le monde ressemble aux tablettes d'un super-marché
d'où dégringole la fécondité.
Mais les consommateurs sont manchots;
ils érectent leurs moignons
et récoltent la frange effrangée de l'abondance.

Coulée comme du ciment
dans d'immenses lèvres malicieuses,
leur convoitise se pourlèche de jeûne
au contour d'un crayon rouge, pubère et ingrat.

Le prix du sang est inaccessible
à toute soif qui reconnaît le cri qu'elle étouffe.
Do Do, l'enfant do
l'enfant dormira bien tard;
Do Do, l'enfant do
l'enfant dormira bien tard.
Peut-être s'endormira-t-il
quand l'automne délaissera l'hiver
et, livré aux nuits blanches,
fermera l'œil pour ne plus se souvenir.

*

Sous la dalle de l'espace humain,
j'apprivoise le cri,
celui qui déjà me perfore les tripes,
boucle ma cage thoracique,
entr'ouvre mes lèvres,
accentue la cassure
et entrepose l'hiver
au cellier d'une soif lubrique.

Les certitudes lubrifiées de mes soifs consanguines
jouent au collin-maillard avec le réel
pour l'atteindre sans le voir
et toucher la nuit vaginale
au travers des barreaux
qui enferment mes envols
au port stagnant de la peur.

Empilés les uns sur les autres,
les cadavres de mes désirs
encombrent le corridor de mes rêves
et jaugent avec sang froid
le désespoir tapi au ravin de la soif.

La peur embaumée d'une rosée vespérale
défile lentement dans mon cœur
le cortège funèbre de l'angoisse.
Agenouillée dans mon sang,
j'invoque la terre
de la tièdeur d'une caresse.

Une buée froide
cerne mes chaudes larmes.
Poursuivi par l'ivresse,
le caïn de mon œil
torture mon corps
d'une saison unique.

Le fouet meurtrier de l'hiver
entr'ouvre les lèvres de ma blessure
au néant d'une soif publique.

*

Cinglé en plein sens,
le bordel du signe
tire révérence à la peur prostrée dans mon sang;
un clin d'œil pervers
m'invite à l'ébauche d'une harmonie.
Assaisonnée des débats courroucés
qui préméditaient le meurtre,
mes larmes croupissent
à l'anse du viol perpétré
dans l'utérus amnésique de la mer.
Au passage, j'étranglai mon souffle.

L'imposture était maligne,
le dehors militaire.
Cartonnée depuis l'enfance,

le garde-à-vous de mes désirs
cadavérise mon corps
comme Vierge muette perchée
au rebord d'une cheminée éteinte.
Sidérée par l'angoisse,
je promène mes doutes liés
à la chaîne de mes douleurs.

*

Le passage est étroit,
la berge escarpée;
le cordon qui me retient
n'a rien de fidèle.
Comme un serf volant,
je dérive les entrailles d'une terre assaillie,
entr'ouverte du tranchant d'un ciel bas et sombre.

Son ventre engrossé me fit irruption;
ses eaux écoulèrent la lave
aux parois ravagées de ses cuisses de feu;
son corps de braise me mit bas
sous l'étreinte brûlante du spasme initiateur.
Consumés au troisième degré de l'angoisse,
mes désirs étranglés sombrent
aux pores autistiques de ma souffrance.
Mes vaisseaux sanguins
chargés du délire conjugal,
tanguent la démence conjuguée
au roulis analphabète de mes pleurs.

*

Pardonnez-moi, j'arrive.
Ne vous fâchez pas.
Je ne voulais pas vous contre-dire.
Je voulais seulement être là
et vous m'avez tiré par les cheveux
pour ainsi précipiter vos angoisses
dans l'éprouvette de mon corps-poubelle.

Vous m'avez forcée à lire vos déchets,
à écrire vos jambages
pour revendiquer mon espace
et parachever ma naissance.
Mais inlassablement, je vous encombrais
de mon sang, de votre sang, privé de désir,
déchu aux portes du laboratoire de vos machinations.
Toujours vous vous y êtes enfermés,
comme si vous étiez absents,
perdus dans vos mondes acidulés
qui n'osaient plus se parler
de peur de dire la corrosion.

Je surgis au labyrinthe de ce vide,
la chair prise dans l'étau de vos corps disloqués,
au relais de mon cœur épinglé
pour la parade du mardi-gras.
Je pirouettais vos rêves noyés
à l'entracte de mon corps
assoupli de vos saisons incertaines.
Et vous avez cru à la souplesse de mon clown:
elle n'était que rides voilées, souffrance et dents cariées.

*

Bientôt ma gencive saigna,
adultée par une croissance ingrate;
et vous m'avez dite « femme ».
Puis afin que je ne vous gêne plus,
comme un rêve que l'on choie et qui vous embaume,
vous m'avez interdite.
Je fus votre linceul,
le vent frais dans le cercueil de votre silence;
prématurément, vous m'avez mise sous terre.
Et j'étouffe emmaillotée de vos hallucinations.

Dans mon cœur, la saison est unique
bien que mon œil vous trahisse
et courtise les printemps indécents
qui dévalent la plaine
d'une chevauchée de bourgeons.
Je dévoile la mort masquée de neiges éternelles,
je lui coupe la veine cave inférieure
et la saigne sous vos yeux.
Des larmes de sang,
comme vous dites Madame.

De la souffrance,
je connais la démesure
et la soumets à votre bon cœur.
Quelques invocations, peut-être, soulageraient votre
blessure
puis quelques indulgences payées trop cher
disculperaient vos soifs,
de quoi leur permettre de circuler librement
au corridor du bordel.

A droite, le bordel du signe;
à gauche, le bordel du sens;
tout droit, c'est le vertige.

Allez, paroissiens,
poursuivons le délire
qui articule nos croisades;
d'un pas militaire,
enrégimentons nos hantises
jusqu'à l'apothéose de l'hiver.
Bien nichés au creux du vertige,
gazouillons les espaces interdits
aux confins de nos pleurs.

*

Comme une fille de joie,
le printemps sortira de la maison close du temps
où il prostituait ses désirs.

Saillant d'ouvertures,
comme une grappe d'ovaires,
il prosternera ses bourgeons éclatés
aux labours de mes lèvres entr'ouvertes
qui ensemenceront l'horizon d'une récolte démente.
Mon bassin engrossé de rosées et d'odeurs printanières
coulera les rêves cristallins
au pistil de ma corolle.
Je serai un gigantesque champ de muguet sauvage:
au parfum argentin de l'espace,
j'exhumerai les désirs
et imprimerai ma jouissance.

Rupture

Les saisons hibernées séjournent
au creuset de mon cœur
et fermentent l'ivresse.

La levure du désir
aoûte mon corps.

La mort de l'origine
origine la mort.

Singulier-Pluriel

Une joie hier interdite,
prisonnière,
calfeutrée sous les rêves,
défriche la route
et se fraye un passage.

Une soif paysanne
laboure mes saisons.

Sa bouche outrancière
récolte l'éclosion
des semences hibernées.

Une terre irriguée de sueurs froides
abonde les souvenirs prismatiques
au geyser de l'enfance.

Un désir monte, s'épanouit
puis retombe en demi-cercle
dans la baignoire des soifs étanchées.

Oeil de Faucon

Par fois et par à-coups
les Indiens dévalent la prairie
jusqu'à l'anse
et ce n'est pas nécessairement le jour de leur fête.
Mais qu'importe.

L'un derrière l'autre
à la queue leu leu
les jours se devancent.
Parfois l'un d'entre eux
arrive à dépasser tous les autres
et le voilà.

Le premier à l'horizon,
nu comme un cheval blanc
à la dérive du temps.
Et la poussière que soulève son trot
est pareille à l'arc-en-ciel.
Waou; waou.

Puis à la nuit,
la poussière se repose
sur toutes choses

imperceptiblement
comme si rien ni personne
n'était venu.

Mais la prairie sait qu'Oeil de faucon
a posé sur elle son regard.
Les labours silencieux
aux profonds sillons
en gardent la trace
intempestive.

Oeil de faucon a fouetté
la terre
de son regard.
C'était le jour de sa fête,
celui qu'il avait choisi
pour devancer les autres.

Dans l'anse
les vagues roucoulent
le hurlement d'une mort assouvie
et la mer regorge
d'une naissance nouvelle
au courroux de son sein laiteux.

Oeil de Faucon planait seul
à la découverte de l'espace;
il épinglait ses spasmes
sous les couleurs de ses vertiges
avant de se reposer
dans l'iris de son œil.

Les entrailles de la terre sarclée
dessinent le silence
habilement dissimulé

sous la rougeur d'une pomme,
l'éclatement d'un bourgeon,
le pétale d'une fleur *nubile*.

Qui d'autre que lui
pouvait voir l'inconnue
et s'entretenir avec elle
du printemps de l'espace?
Qui d'autre pouvait lui offrir
le vin de la régénérescence?

Qui d'autre que lui
pouvait dessiner son envol
au cœur du cœur toujours ouvert?
Dire le merveilleux et le meurtri
jusqu'à en perdre la plume,
jusqu'à en perdre l'ancre?

Le sauvage pleurait
sur le roc de son inspiration
l'œil qui avait tout vu.
Le sauvage jouissait,
sur le flux de la vague,
son désir constamment déplacé.

Qui d'autre que la prairie
pouvait l'entendre
pleurer et jouir?
Qui d'autre que l'anse
pouvait s'approcher
et venir jusqu'à lui?

Le saura-t-on jamais?
Le saura-t-on toujours?
Et pourquoi le saurait-on?

quand il suffit d'en vivre?
Comme nuit traversée de jouissances
et fleurie d'aurores?

Mais en vivre ne suffit pas!
Il faut en crier,
et déchirer l'espace,
en verdir les hivers
en glacer les étés
puis au printemps...

Puis au printemps,
célébrer sa fête
répéter l'évanouissement
du présent
au pied de la fuite,
au pied de la faille.

Semence au creux
de la grande nuit des maux,
cette nuit débâclée
de présents intempestifs
à vif d'un devenir incessant
peut-être incestueux.

Des yeux se sont éteints
dans la lumière de la nuit.
Les feux follets
aux multiples regards
exorbitent la terre.
La lune nomade
berce les flots
d'ondulations nocturnes.

Le soleil s'est noyé vif!

SOMMAIRE

OU L'ORDRE ALPHABÉTIQUE

TABLE

Collection "CRÉATION"

Base de toute bibliothèque francophone

PRODUCTION 1973

24. Louise Darios (Montréal). **L'arbre étranger**, sept récits des Amériques, 64p. Dessins de Carlos Baratto.
25. Denis Juhel (Fredericton). **Paysages intérieurs**, poèmes, 112p.
26. Marthe B.-Hogue (Québec). **Le défi des dieux**, roman de science-fiction, 96p. **Prix du Concours littéraire haïtien "Vision de l'an 2000"**. Illustrations de Louise Hogue.
27. Nicole de la Chevrotière (Lotbinière). **Mousse et paille en touffe**, huit nouvelles du Québec, 128p.
28. Charles Haas (San Marino). **L'esprit français**, roman social, 288p. Dessin de la couverture par Yorgo.

PRODUCTION 1978

29. Jean-René Farrayre (Khemisset). **La poésie est morte: elle a été rongée par les vers**, poème(s), 104p. Présentation par Raymond Jean. Illustrations photographiques.
30. Marie Le Franc. **Grand-Louis l'innocent**, roman, 144p. Préface de Paulette Collet (Toronto). **Prix Femina**. Réédition. Illustrations.
31. Alexandre L. Amprimoz (Winnipeg). **Chant solaire**, suivi de **Vers ce logocentre**, 72p.
32. Robert Urbanel (Guadeloupe). **La mort du bon côté**, roman policier, 200p. Illustrations: vignettes par l'auteur.
33. Gustave Labbé (Montréal). **Fleurs de sang**, précédé de **Litanie des sources**, diptyque poétique, 96p.
34. Cung Giũ Nguyên (Nha Trang, Viêt-Nam). **Le fils de la baleine**, roman, 224p. Dessins de Doan Van Thông. Édition définitive.
35. Danielle Beaulieu (Sherbrooke). **Il neige sur les frangipaniers**, roman, 168p. **Prix Alfred DesRochers**, Association des auteurs des Cantons de l'Est, 1978. Carte et illustrations.
36. Abdoul Doukouré (New York). **Le déboussolé**, roman, 96p.
37. Pierre Meunier (Sherbrooke). **Pierrot, la lune et le fou**, récit, 112p. Dessins de France Lebon.
38. Pierre Gaudette (Montréal) et Alkaly Kaba (Mali). **Les problèmes du diable**, récit fantastique, 104p. Dessins de P. Gaudette.
39. Gilbert-Bernard Lathion (Lausanne). **Le soleil noir**, poésie et prose, 64p. Dessins de l'auteur.
40. Roussan Camille (Haïti). **La multiple présence**, derniers poèmes, 104p. Préface de l'auteur. Photographies.
41. Robert Matteau (Stoke). **Dires et figures**, dix contes et portraits de l'Estrie, 132p. Carte et dessins.
42. Mireille Maurice (Pointe-aux-Trembles). **Ménuhin**, conte poétique, 80p. Réédition.
43. Adolphe Parillon (Guadeloupe). **Gustave, je...**, roman, 136p.

Écriture française

Écriture française, revue culturelle, semestrielle, internationale, d'information et de création, porte-parole des auteurs de langue française (ALF), des auteurs français nés ou vivant hors de France et des amis de la langue française. Le premier numéro: mai 1979.

Réalisation: Antoine Naaman et Mario Pettenuzzo.

Révision: Jean Houpert, Jacques Lafleur et l'auteur.

Maquette de la couverture: Marielle Saint-Louis. Encre signée Huguette Côté.

ÉDITIONS NAAMAN
C.P. 697, Sherbrooke, Québec, Canada

Envoi sur demande du catalogue général:
Écriture française dans le monde.

*Achevé d'imprimer le 4e trimestre 1979
sur les presses de l'imprimerie*
METROLITHO INC.-SHERBROOKE

ISBN 2-89040-027-1

Imprimé au Canada

Printed in Canada